1ª edição
10.000 exemplares
Janeiro/2016

© 2016 by Boa Nova

Capa e projeto gráfico
Juliana Mollinari

Diagramação
Juliana Mollinari

Revisão
Alessandra Miranda de Sá

Assistente editorial
Ana Maria Rael Gambarini

Coordenação Editorial
Ronaldo A. Sperdutti

Todos os direitos reservados.
Nenhuma parte desta obra pode ser reproduzida ou transmitida por qualquer forma e/ou quaisquer meios (eletrônico ou mecânico, incluindo fotocópia e gravação) ou arquivada em qualquer sistema ou banco de dados sem permissão escrita da Editora.

O produto da venda desta obra é destinado à manutenção das atividades assistenciais da Sociedade Espírita Boa Nova, de Catanduva, SP.

1ª edição: Janeiro de 2016 - 10.000 exemplares

AMADURECENDO COM
SABEDORIA

Anabela Sabino

Instituto Beneficente Boa Nova
Entidade coligada à Sociedade Espírita Boa Nova
Av. Porto Ferreira, 1.031 | Parque Iracema
Catanduva/SP | CEP 15809-020
www.boanova.net | boanova@boanova.net
Fone: (17) 3531-4444

Dados Internacionais de Catalogação na Publicação (CIP)
(Câmara Brasileira do Livro, SP, Brasil)

Sabino, Anabela
  Amadurecendo com sabedoria / Anabela Sabino. --
Catanduva, SP : Instituto Beneficente Boa Nova,
2015.

  ISBN 978-85-8353-038-1

  1. Amadurecimento (Psicologia) 2. Conduta de
vida 3. Reflexões 4. Sabedoria I. Título.

15-10780   CDD-158.1

Índices para catálogo sistemático:

1. Amadurecimento : Psicologia aplicada   158.1

Introdução

A princípio, a ideia de escrever Amadurecendo com Sabedoria, para espíritos imortais, pareceu uma boa possibilidade, tendo em vista o meu livro anterior, Crescendo com Sabedoria[1], para jovens leitores.

À medida que fui me apropriando do assunto, pesquisando os temas que poderiam ser abordados e dando forma às ideias, fui me apaixonando por essa etapa mais madura da vida e aprendendo muito.

Fiz reflexões existenciais que talvez tivesse deixado para fazer mais tarde ou, quem sabe, jamais as houvesse cogitado. Estou feliz que tenha sido assim.

Embora o livro seja direcionado para

---

[1] Crescendo com Sabedoria. Catanduva: Boa Nova, 2014.

leitores a partir da terceira idade, recomendo sua leitura a partir dos quarenta, cinquenta anos.

Seja qual for o significado que o leitor dê a esta leitura, espero que lhe cause algum impacto, que o tire da zona de conforto e o leve a algum lugar novo.

Para mim, aos 57 anos, escrevê-lo tem sido um curso intensivo, preparatório para aproveitar essa fase existencial da melhor maneira que conseguir.

A vida é um fazer e um sentir contínuos, sem pausa, sem fim, recriada a cada momento.

Deve ser esculpida, inventada, executada, idealizada, mesmo que logo em seguida seja preciso reprogramá-la. Nunca estará pronta; sempre haverá algo mais a acrescentar, adaptar e transformar.

Porém, é essencial senti-la, permitir que a intuição lhe instile graça.

Seguir esta trajetória de encontros

e desencontros é algo pessoal – cada um lhe confere identidade, significado, compasso, tom e cor que a tornarão única. Por isso, o leme e a rota são intransferíveis, embora o destino traçado a toda humanidade seja o mesmo.

A sabedoria está em apropriar-se da própria vida sem desejar outra "melhor". O segredo é fazer o melhor que pudermos com a vida que temos.

Minha eterna gratidão ao meu pai, hoje com 89 anos, pois foi o alicerce do meu caráter. Sou e serei eternamente grata pelo que aprendi com o seu exemplo.

Gratidão e muita saudade de minha mãe, que está vivendo plenamente sua condição espiritual.

~ 1 ~

É comum o aposentado receber os seguintes conselhos:

— Agora você tem que pensar em você. Já criou os filhos, já ajudou os netos... É hora de aproveitar.

Como assim, *é hora de aproveitar*?

Tudo o que você viveu até aqui faz parte da sua vida também! Foram suas escolhas! Aliás, foi a maior parte dela.

Valorize cada momento vivido.

~ 2 ~

Saber viver é aproveitar todas as etapas da vida no que ela pode oferecer de melhor.

A infância, para se educar.

A juventude, para desenvolver a responsabilidade.

A maturidade, para a realização.

A senectude, para a busca da plenitude.

Uma etapa bem aproveitada favorece o sucesso da seguinte.

Depois da terceira idade, vem a quarta (a partir dos oitenta anos) e, em seguida, a vida espiritual.

Seja diligente, pois a continuidade da vida pede persistência.

~ 3 ~

As pessoas têm tendência a adiar decisões importantes.

As justificativas mais parecem desculpas. Se forem jovens, dizem que não precisam se apressar. Se forem idosos, dizem que é tarde demais.

Não postergue as viagens, o regime alimentar, as visitas, a reforma da casa, as caminhadas, aprender um novo idioma, o livro que pretende escrever etc.

Cuidado para não se ver dizendo: "Só depois que me aposentar" ou "Agora não dá mais; já estou aposentado".

~ 4 ~

Encontra-se enfermo?

Toma uma série de remédios com efeitos colaterais indesejáveis?

Se precisa de rigorosa dieta alimentar ou outros procedimentos médicos, enfrente as dificuldades "com a devida compreensão que o problema exige, sem revolta ou blasfêmia, sem lamentações e queixas improdutivas".[1]

A fragilidade afetiva que acomete muitos idosos faz com que valorizem as enfermidades, fazendo uma peregrinação a vários consultórios médicos, ou comentando indiscriminadamente seus sintomas e tratamentos, com tom de lamentação.

A atenção e a piedade despertadas

[1] Luís Antônio Ferraz (pelo espírito Antônio Carlos Tonini). No Entardecer da Existência. Votuporanga: Didier, 2004

nas pessoas nutrem esse comportamento negativo.

São ganhos secundários inconscientes, que transformam a velhice em doença.

Não permita que isto aconteça com você!

Ganhe a admiração das pessoas colaborando para o restabelecimento da saúde, seguindo as recomendações médicas e adotando uma postura positiva diante da vida.

~ 5 ~

O afastamento do trabalho remunerado por tempo de serviço não implica o afastamento da atividade útil, nem eterna recreação.

Há muitas atividades úteis à comunidade que podem ser feitas por aposentados, dentro da sua área profissional, ou fora dela — o que pode ser ainda mais interessante.

É uma ótima oportunidade para desenvolver outras áreas de interesse e potenciais pouco explorados.

~ 6 ~

Segundo Oliveira Bello[1]: "Só na sabedoria haveremos de encontrar a felicidade eterna e real".

O auge da sabedoria conquista-se no entardecer de cada existência.

Por essa perspectiva, a senectude é considerada o melhor período da encarnação.

Que seja um período inolvidável de bênçãos.

---

1 Torres Pastorino. Minutos de Sabedoria. Prefácio de Luiz George de Oliveira Bello. Petrópolis: Vozes, 2003.

~ 7 ~

Às vezes bate um arrependimento?

São coisas que deveria ter feito e não fez, ou às quais poderia ter dado um direcionamento diferente?

Olhar para frente vai fazê-lo se sentir melhor!

Você agiu de acordo com a maturidade e as limitações daquela época.

Enxergar diferente hoje é um passo importante.

Abençoe o passado e siga em frente!

~ 8 ~

A vida não se limita ao período berço-túmulo.

Antes e depois da existência física, o ser imortal, o espírito, goza da ventura da vida.

A vida é um processo contínuo que se reveza entre dois planos: material e espiritual.

Portanto, renove-se.

Suas conquistas são perenes.

~ 9 ~

Por que invejar a juventude?

Os jovens têm apenas possibilidades.

Eles não têm garantia de poder viver as etapas da vida que você viveu.

É um privilégio finalizar a existência com rugas profundas e cabelos brancos.

Desejar uma vida que não é a nossa, leva-nos em direção oposta à felicidade.

Pesquisadores do comportamento humano têm revelado a importância do sentimento de gratidão, e pragmaticamente orientam para que se eleja diariamente, três novas coisas pelas quais somos gratos[1].

Lembre-se de externar sua gratidão à vida!

---

[1] Sem jamais repetir o mesmo motivo da gratidão.

~ 10 ~

A aposentadoria está chegando?

Fez planos? Listou coisas que pretende fazer?

Coloque em prática suas aspirações para o futuro.

Iniciando agora, será mais natural dar prosseguimento aos seus objetivos após se aposentar.

A vida não precisa necessariamente ser empolgante. Lembre-se que é a rotina básica e equilibrada que traz segurança emocional.

~ 11 ~

Muitos pensam que trabalho voluntário é para pessoas com tempo ocioso.

A disposição em servir desinteressadamente, entretanto, está presente em pessoas de todas as idades e com diversas profissões.

A atividade voluntária enriquece a vida de qualquer pessoa, não importam a idade ou a classe social.

Utilize bem o seu tempo!

~ 12 ~

A vida na Terra não se assemelha a um passeio turístico.

Se assim fosse, quem mais prazeres tivesse, melhor proveito tiraria da vida que levou.

A vida na Terra está mais para uma escola do que para um passeio.

A maior nota final é para quem aproveitou melhor as ocorrências boas e ruins de sua existência, visando seu crescimento espiritual, e do outro.

A lição bem aprendida nos aproxima de Deus.

~ 13 ~

É compreensível as pessoas desejarem esquecer as faltas cometidas.

Quando se trata de alguém mais velho, isso fica ainda mais evidente, pois o olhar crítico se estende com mais profundidade na velhice do que na juventude.

Se você apagasse todos os erros do seu passado, apagaria, também, toda a sabedoria do seu presente.

Aceite-se.

Você é quem conseguiu ser!

~ 14 ~

Para cada fase da vida, na Terra, há uma correspondência peculiar de aprendizado e evolução, que culmina na velhice.

Grande parte da saúde mental está em aproveitar o que cada uma dessas etapas pode oferecer de melhor.

A velhice estende-se por trinta, quarenta anos, sendo mais longa que a infância, quando o espírito sofre a influência dos processos educativos.

Na natureza, tudo tem seu propósito. Descubra o que você ainda tem que aprender com a vida.

Você nunca esteve tão bem preparado como agora para transformar experiências em sabedoria.

~ 15 ~

Quem chegar à terceira idade poderá olhar para trás e ver as etapas vividas – a inocência da infância, o vigor e a intempestividade da adolescência, dúvidas quanto a decisões importantes do início da vida adulta, os feitos e desfeitos da maturidade e a serenidade da última etapa da vida na Terra.

Poderá se recordar com alegria das etapas vividas, porém nunca com o saudosismo de quem as deseje de volta.

Um dos segredo para se viver bem é aproveitar o que o momento presente pode nos oferecer de melhor.

~ 16 ~

Envelhecer é surpreender-se.

Surpreender-se com a serena aceitação das suas limitações físicas.

Surpreender-se com a flexibilidade do seu olhar perante as faltas cometidas pelo outro.

Surpreender-se com um potencial latente desejando se desenvolver.

Surpreender-se descobrindo mais defeitos em si mesmo.

Quem nunca pensou na morte surpreende-se com medo.

Quem sempre a temeu, surpreende-se vendo-a como uma passagem natural.

~ 17 ~

É necessário saber envelhecer.

A ignorância acerca do fenômeno da vida aumenta a angústia em ver o tempo passar, conduzindo à senectude.

A compreensão da fase ulterior à existência física, respondendo aos questionamentos mais íntimos, é uma injeção de ânimo, pois cria a expectativa da vida futura.

Busque informações a respeito da vida após a vida, leia, estude.

Saber envelhecer é descobrir que há muitas coisas para aprender.

~ 18 ~

A paixão, que leva muitos casais ao altar, é uma explosão de hormônios que dura em média dois anos, segundo o estudo de alguns cientistas.

Passado o furor da paixão, sobrevive o amor: "Com o enfraquecimento orgânico, é natural que a atividade sexual sofra um declínio, o que não representa diminuição na capacidade de amar e ser amado".

As demonstrações afetivas entre os pares são importantes em qualquer idade, na intimidade e na vida social, sem preconceitos: "Caminhem abraçados ou de mãos dadas, tratando-se com carinho e gentileza, vivendo um eterno namoro".[1]

---

[1] Luís Antônio Ferraz (pelo espírito Antônio Carlos Tonini). No Entardecer da Existência. Votuporanga: Didier, 2004

~ 19 ~

A bagagem que levamos em uma viagem depende das exigências climáticas, do motivo da viagem, do tempo de permanência etc.

A morte é uma viagem, em que mudamos do plano material para o espiritual.

Nessa bagagem, levamos apenas nossos feitos, bons e maus.

A mala ainda está por fazer.

A etapa anterior à viagem é a melhor para organizá-la.

É tempo de completá-la com o perdão, com a reconciliação, com a alegria, com a gratidão.

Mãos à obra!

~ 20 ~

Nosso verdadeiro lar é o mundo espiritual.

Estamos todos de passagem na Terra, mas não sabemos como nem quando esta "jornada" acabará.

É muito mais penoso, independentemente do afeto, quando essa "transição" acomete uma criança ou um jovem.

Tem-se a impressão de que houve uma interrupção, que algo não se completou.

A morte na velhice não vem de surpresa; anuncia-se, gentilmente, através das restrições físicas e, consequentemente, sociais.

Quem tem a "sorte" de completar todas as etapas do processo da vida na Terra está, naturalmente, mais bem preparado para a vida espiritual.

~ 21 ~

Depois dos setenta, oitenta anos, mesmo sem uma enfermidade grave, é natural que o corpo se ressinta com o peso dos anos.

Os movimentos ficam mais lentos, o cansaço é maior, a memória falha com maior frequência.

O envelhecimento é biológico, não da alma.

Faça a parte que lhe compete para melhorar a saúde e aceite com resignação o que é próprio da idade.

As ocorrências físicas não precisam alterar a beleza da vida.

Mantenha o espírito jovem.

~ 22 ~

Saber apreciar o tempo passar é saber envelhecer.

Há ensinamentos valiosos que a imaturidade não nos permite aprender. Por exemplo: não há mais a necessidade de ter razão, de fechar as conclusões, de dar pontos-finais, pois as reticências não assustam mais.

Por conta dessa maneira de ver e sentir as coisas, é gratificante envelhecer.

~ 23 ~

O laborioso agricultor prepara o solo, planta a semente e espera com paciência a planta germinar e crescer, pois sabe que virá a colheita.

A terceira idade corresponde ao período da colheita.

O homem, depois dos sessenta, setenta anos, está em plena colheita depois do plantio.

Aproveite a colheita dos bons frutos.

Faça com que os frutos ruins, derivados da má semeadura, possam fertilizar o solo de novas semeaduras em posteriores existências.

O aprendizado é constante.

~ 24 ~

Temos Deus dentro de nós, em forma de virtudes latentes a desenvolver.

Uma única existência, por mais longa e bem aproveitada, não é suficiente para ativar todo esse potencial.

Nenhuma virtude será desperdiçada.

Um dia, seremos tão perfeitos quanto possível.

Um mundo melhor depende de pessoas melhores.

Aproveite bem o seu tempo; ele é precioso!

Melhore o saldo de suas virtudes.

~ 25 ~

Ao viver mais que a maioria da população, você pode ser testemunha da morte de pais, irmãos, cônjuge, parentes e muitos amigos.

É natural que questionamentos e dúvidas sobre a morte venham à tona.

Durante a vida, o Espírito se acha, de certo modo, comprimido pelos laços da matéria.

O Espírito se desprende e ganha a liberdade, como a borboleta ao sair da crisálida.

É o que se chama morte.

Em verdade, a morte não existe; a vida do Espírito é eterna.

~ 26 ~

Há no homem três coisas essenciais:

1) a alma ou Espírito, princípio inteligente no qual residem o pensamento, a vontade e o senso moral;

2) o corpo, envoltório material, pesado e grosseiro, que coloca o Espírito em contato com o mundo exterior;

3) o perispírito,[1] envoltório semimaterial, extremamente sutil, que serve de laço intermediário entre o Espírito e o corpo.

Quando o invólucro exterior está gasto e já não pode funcionar, tomba, e o Espírito se desprende dele como a árvore se despoja de sua casca, ou seja, da mesma forma que deixamos uma roupa usada.

---

[1] Sinônimos: corpo astral, psicossoma, corpo etéreo ou corpo espiritual

O Espírito deixa o corpo físico, conservando o perispírito, que para ele é uma espécie de corpo, imponderável, *que conserva a mesma forma humana*.

Continuamos sendo os mesmos, vivendo em uma dimensão diferente do espaço.[2]

---

[2] Adaptação de O Livro dos Espíritos, Codificado por Allan Kardec.

~ 27 ~

Podem-se comparar as etapas da existência na Terra às atividades do agricultor.

A infância corresponde ao tratamento da terra e plantio.

A juventude, ao crescimento e à floração.

A idade adulta, à formação do fruto.

A senectude, à colheita.

Todas essas são etapas importantes e ricas em sublimes lições.

Olhar com saudosismo as idades anteriores poderá desviá-lo da boa colheita.

Rejubile-se; é chegada a sua hora de colher!

~ 28 ~

A grande busca do homem é a felicidade.

Na grande maioria das vezes entendida como um momento glorioso.

Ao longo da existência, porém, seu conceito muda de significado.

Os imediatismos das conquistas, poder, paixões, o acúmulo de bens, o apego a coisas e pessoas são almejados na fase adulta.

Na verdade o que existe são pequenos momentos de felicidade distribuídos em doses homeopáticas, gota a gota.

Ao entardecer da existência, contudo, compreende-se o que Saint-Exupéry[1] queria dizer com: "O essencial é invisível aos olhos".

---

[1] Autor do livro O Pequeno Príncipe.

~ 29 ~

Existe uma tendência geral de não aceitação da idade que se tem.

O infanto se ressente de ser chamado de criança.

O adolescente anseia por ser independente.

A busca neurótica em aparentar menos idade, na maturidade.

Para o idoso, ser chamado de velho é quase um insulto.

Até o primeiro broto de bambu-chinês romper a terra, decorre um período de cinco anos – tempo em que a natureza laboriosa estrutura a raiz que dará sustentação à planta.

Pode-se dizer que a velhice é o resultado de sessenta, setenta anos de experiências e desenvolvimento, para dar sustentação à sabedoria da idade de maior consciência.

Valorize o tesouro conquistado ao longo dos anos.

~ 30 ~

Na Parábola dos Trabalhadores, quem trabalhou apenas na última hora do dia recebeu tanto quanto quem trabalhou de sol a sol, o dia todo.

À primeira vista, pode parecer que Jesus, ao contá-la, estava reforçando a arbitrariedade e a injustiça. Transportando a parábola para o campo da espiritualidade, no entanto, vemos nela um sinal de esperança para todos nós:

Por ela, Jesus nos ensina que qualquer tempo é oportuno para cuidarmos do aperfeiçoamento de nossas almas, e quer nos encontremos nos albores da existência, quer estejamos, já, beirando a velhice, desde que "aceitemos", com boa disposição, o convite para o trabalho, haveremos de fazer jus ao salário divino.[1]

---

[1] Rodolfo Calligaris. Parábolas Evangélicas. Brasília: FEB, 2006

~ 31 ~

A memória de fatos recentes falha com frequência?

— Onde coloquei as chaves?

— O que vim fazer aqui, mesmo?

Porém, a memória de fatos remotos parece mais aguçada.

E os causos estão na ponta da língua, com suas conclusões e reflexões cheias de humor e sabedoria.

Tudo aquilo que aprendeu com a vida, repasse.

Aprendizado compartilhado enriquece, enobrece.

~ 32 ~

Quando se é jovem, ouve-se muito falar do futuro. Com o acúmulo das décadas, contudo, passa-se a acreditar que o futuro já foi construído, que não há mais espaço para o novo.

O presente é, literalmente, um "presente", pois é o grande momento criativo. O despertar para o "segundo tempo" da vida, assim como o enredo de sua próxima existência depende do *finale* que der à atual.

~ 33 ~

Está contando os anos, meses e dias para se aposentar?

Cuidado! Tanta expectativa pode frustrá-lo.

As causas da sua insatisfação atual podem minar seus anos de aposentadoria.

Aposentadoria não é cura para os males da alma.

Reflita! Procure solucionar o que o incomoda. É a melhor garantia para usufruir as benesses de estar aposentado.

~ 34 ~

Há quem passa, bruscamente, de uma vida ativa à inação após a aposentadoria.

Em pouco tempo se vê trocando um pijama por outro após o banho.

Perde o contato com os colegas do trabalho, quase não sai de casa e envelhece anos em poucos meses.

Se está acontecendo com você, mude, imediatamente, o estado das coisas.

Você recebeu um prêmio pelo seu trabalho, não um atestado de invalidez!

Crie coragem. Faça diferente – agora!

~ 35 ~

O passado é fato consumado.

Pode-se fazer alguma coisa diante de um fato consumado?

Não, mas a tristeza, a culpa, a raiva, a ofensa, a saudade, a indiferença podem ser alteradas por percepções mais construtivas.

A tristeza, pela esperança.

A culpa, pelo autoperdão.

A raiva, pelo entendimento.

A ofensa, perdoando.

A indiferença, pela reflexão.

A saudade, pela certeza do reencontro.

O passado consumado pede um presente participativo para a construção de um futuro melhor.

~ 36 ~

É válida a preocupação do homem em tomar certas medidas preventivas, a fim de assegurar uma velhice mais confortável e segura.

Há quem pague um plano de previdência privada; outros contam com recursos extras, do recebimento de imóveis alugados; uma reserva na poupança; a cobertura de um plano de saúde, além de outras alternativas – em todos os casos, pensando em dias mais difíceis.

Porém, a maioria conta apenas com o dinheiro da aposentadoria.

Em qualquer um dos casos, é comum a expectativa de que os filhos acompanhem de perto a velhice dos pais.

Muitas variáveis, não previstas e circunstanciais dentro da família, podem desviar a rota, que para o idoso já estaria traçada.

Imprescindível é estar consciente e preparado para a mudança de planos que a situação exige, sem se lastimar.

As decepções são fruto de expectativas atribuídas a quem não pensava de maneira semelhante à nossa.

Adaptar-se, sem revolta, à realidade que se apresenta é o melhor que se tem a fazer.

~ 37 ~

Ao longo da existência, pequenas e grandes descobertas são feitas, de acordo com as experiências e a percepção de cada um.

O tempo ensina para alguns que não há mais necessidade de aprovação alheia.

Para outros, que não existe mais a ilusão de sermos perfeitos.

Há quem aprenda que a felicidade está mais nas emoções vividas do que na aquisição de coisas; que a palavra *impossível* poderia ser abolida do vocabulário; ou que a palavra *urgente*, que tanta desordem emocional causou na mocidade, não se justifica.

O tempo é professor paciente, e sabe que o aprendizado ocorre só quando o aluno está pronto.

Somos eternos aprendizes...

~ 38 ~

Se os golpes da vida não forem assimilados com resiliência, podem transformá-lo em uma pessoa amarga e rancorosa.

O mau humor, a lamentação frequente, a sensação de injustiça, a teimosia, a desconfiança e ideias pessimistas são sintomas de tal perturbação.

Liberte-se o quanto antes dos sentimentos negativos, pois as perdas naturais da idade avançada os potencializam.

Procure a ajuda profissional de um psicólogo; essa pode ser uma experiência enriquecedora.

~ 39 ~

Para filhos e netos, comemorarem as bodas de ouro de seus pais ou avós é uma grande alegria.

Ter ao lado o parceiro nos anos de velhice é uma bênção.

Porém, a perda do parceiro após longo tempo de cumplicidade é uma difícil prova.

A saudade acompanha tanto aquele que fica quanto o que vai.

Se está vivendo a viuvez, tenha a certeza do reencontro, que se fará no tempo certo.

Enquanto isso, trabalhe na construção do seu melhor.

~ 40 ~

Há um provérbio que nos aconselha a não colocar todos os ovos em uma mesma cesta, assim, não corremos o risco de vê-los todos quebrados em caso de acidente.

Quando desenvolvemos poucos interesses, corremos esse risco.

É o que acontece com a pessoa que dedicou toda a sua vida ao trabalho, ou exclusivamente ao lar e aos filhos.

Quando vem a aposentadoria, ou os filhos saem de casa e seguem seu caminho, fica um imenso vazio.

Cultivar interesses variados enriquece a vida, desenvolve o potencial neurológico e equilibra as emoções.

Seja previdente; busque alternativas para evitar esse dissabor.

~ 41 ~

Os dados do IBGE apontam aumento da longevidade.

Desde 1960, a expectativa de vida aumentou em dezessete anos.

Esses números representam uma grande conquista da sociedade brasileira. Cada vez vive-se mais e com mais qualidade, o que nos leva a mudar padrões de pensamentos.

Atualize-se, para não viver a velhice hoje com a mentalidade de outrora.

Seu tempo é o agora!

~ 42 ~

"A pretexto de encontrar tranquilidade, que o idoso não se afaste do convívio com as crianças.

Sempre que possível, atenda à criança, ofertando-lhe carinho e atenção.

Os pequeninos, na descontração que lhes é peculiar, são mensageiros de vida, alegria e esperança.

O contato do idoso com a infância propicia-lhe renovados estímulos para a vida e para as realizações.

A criança é geralmente terna e carinhosa, ofertando a quem convive com ela pura e saudável afetividade. [...]

Deixe-se pois envolver-se nas vibrações de ternura e paz de que a criança é portadora [...]."[1]

---

[1] Luís Antônio Ferraz (pelo espírito Antônio Carlos Tonini). No Entardecer da Existência. Votuporanga: Didier, 2004.

~ 43 ~

O decorrer do envelhecimento não tem o mesmo júbilo que marca a primeira infância, quando as conquistas são festejadas pela família.

A perda do *status* ocupacional e econômico, as limitações físicas, a maior frequência das doenças, a dependência de um cuidador, a continuada perda de memória são aspectos difíceis, tanto para o idoso quanto para sua família.

Negar ou perceber as dificuldades como um fracasso pessoal está errado. Por mais doloroso que seja, a situação deve ser encarada como parte natural do processo de envelhecimento.

Conversar a respeito pode ajudar.

~ 44 ~

Quem usou a vida toda calças jeans, camiseta e tênis nos momentos de descontração não tem porque deixar de fazê-lo na idade avançada.

A expressão "Isso não fica bem para a sua idade" é, com certeza, antiquada.

A imagem do "velhinho" de décadas atrás, marcada em nosso inconsciente, tem passado por profunda transformação.

Seu exemplo, ao bem viver a senectude, influirá positivamente no conceito que os mais jovens têm desta fase, trazendo grande benefício para a sociedade.

~ 45 ~

A diminuição do suporte sociofamiliar, a perda do status ocupacional e econômico, o declínio físico continuado, a maior frequência de doenças físicas e a incapacidade pragmática crescente compõem o elenco de perdas suficientes para um expressivo rebaixamento do humor.[1]

A sua percepção dessa nova realidade pode afetar seu equilíbrio psíquico e desencadear sintomas depressivos.

Se tem sentido tristeza, diminuição da satisfação, perda ou ganho de peso, mudanças no apetite, alteração do sono, cansaço fácil, fadiga, sentimentos de fracasso, baixa autoestima, pessimismo, retardo motor, dificuldade de concentração, pensamentos de culpa e

---

[1] Disponível em: <http://idosos.com.br/depressao-em-idosos/>. Acesso em: 15 jun. 2015.

morte, você pode estar com depressão e precisa procurar seu médico.

Nem sempre é fácil a pessoa se reconhecer doente, e o tratamento adiado agrava o quadro clínico.

Você deve sempre buscar uma melhor qualidade de vida.

~ 46 ~

A Organização Mundial de Saúde (OMS) estabelece a idade mínima de 60 anos para definir quem é idoso.

São consideradas muito idosas as pessoas com mais de 85 anos nos países desenvolvidos e 80 anos nos países em desenvolvimento.

O médico geriatra tem a mesma função que o clínico geral, só que voltado para o período do envelhecimento.

Pode ser consultado, preventivamente, para orientar como envelhecer de forma saudável; para acompanhar o processo natural de envelhecimento, em evolução; ou no acompanhamento de doenças já existentes.

Procure um geriatra para fazer um diagnóstico diferencial, a fim de saber se o que você sente é consequência da idade ou decorrente de alguma doença.

Saiba o que pode ser feito para abrandar suas queixas.

Cuidar-se é fundamental!

~ 47 ~

Deixando o preconceito de lado, no tocante ao relacionamento entre o idoso e o jovem, as diferenças entre eles podem ser de grande benefício a ambos.

Se você quer se aventurar a resgatar a amizade de um jovem do seu convívio, prepare-se:

Como todo empreendimento humano, a princípio surgirão obstáculos impeditivos ao abençoado mister. [...]

Não se agaste com os termos "velho", "coroa", "quadrado", "vovô", tão comuns entre os jovens para definirem o idoso [...].[1]

No lugar de recriminar a música que ele ouve, o jeito que ele se veste, seja

[1] Luís Antônio Ferraz (pelo espírito Antônio Carlos Tonini). No Entardecer da Existência. Votuporanga: Didier, 2004

cordial e simpático. Ouvindo-o, sem interrompê-lo com recriminações e críticas, você poderá conhecê-lo melhor.

Conquiste a confiança do jovem e, quem sabe, poderá tornar-se seu confidente. Ambos têm muito a ganhar com essa convivência. O jovem com os apontamentos sensatos de quem aprendeu com a vida e o idoso sentindo-se estimulado com o dinamismo próprio da juventude.

~ 48 ~

Do ponto de vista biológico, na idade avançada, é mais frequente o aparecimento de fenômenos degenerativos e de doenças:

Ocorre a diminuição da: visão, audição, força, precisão, robustez, flexibilidade, rapidez na execução de tarefas, memória, imaginação, criatividade, adaptação, atenção, energia, iniciativa e sociabilidade.[1]

Alguns desses sintomas podem ter seu aparecimento retardado ou amenizado com exercícios específicos e atividades sociais
Vale a pena buscar mais informações

[1] Disponível em: http://idosos.com.br/depressao-em-idosos. Acesso em: 15 jun. 2015.

sobre atividades que estimulam a mente e o corpo.

Pode ser muito revigorante e divertido!

~ 49 ~

Quando o idoso percebe, em grau variado, a perda de sua autonomia, é preciso reconhecer a necessidade de outra pessoa para auxiliá-lo no seu dia a dia.

Dependendo das condições financeiras e do contexto de vida de cada um, há de se considerar a contratação de um enfermeiro, um acompanhante ou, ainda, a mudança para a casa de um filho ou uma casa de repouso.

Uma das grandes lições a ser aprendida por aquele que sempre foi autossuficiente pode ser a humildade em admitir que é chegada a hora de tal medida.

Seja qual for a providência tomada em seu caso, procure aprender algo com essa experiência, algo que possa lhe ser útil.

~ 50 ~

Já pensou no quanto você foi útil?

Na educação e no apoio aos filhos, na vida das pessoas que cruzaram a sua, contribuindo com impostos, com o seu trabalho, com a árvore que plantou – enfim, com tudo o que fez para os outros a vida toda.

A alta velhice é o tempo em que nossa utilidade passa para o outro, permanecendo, no entanto, nosso significado como pessoa.

A mais alta expressão do amor é a daquele que acompanha o idoso, simplesmente, por reconhecer seu valor .

Aceitar-se nessas condições, sentindo-se pleno, é porém, um verdadeiro testemunho de amor próprio e gratidão à vida vivida.[1]

---
[1] Inspirado em uma palestra proferida pelo padre Fábio de Melo.

~ 51 ~

Deparar-se com os problemas próprios da velhice pode trazer à tona sentimentos relacionados aos próprios genitores, quando estes viviam situações semelhantes às que você vivencia agora.

Antes, você era o filho de um pai ou de uma mãe idoso(a); agora, no entanto, é você quem está no próprio papel de idoso.

Talvez hoje você possa compreender melhor as necessidades dos seus pais idosos, tendo a sua condição atual como referência, da mesma forma, de seus filhos, tendo como comparação seu papel de filho de outrora.

Trata-se de um vasto material para reflexão.

~ 52 ~

Você pode não concordar com as mensagens de cunho filosófico e religioso propostas neste livro, por estarem em desacordo com suas crenças.

Quanto mais antigas as nossas ideias, mais difícil é considerar novas concepções, por isto os mais velhos estão mais propensos a terem rigidez de pensamento.

Cuidado! A certeza absoluta sobre algum assunto nos leva à cegueira e ao preconceito.

A dúvida pode ser mais produtiva quando nos leva a querer saber mais.

Não existe idade para novas descobertas, novos pensamentos e reflexões sobre temas, até então intocáveis.

Busque novas fontes de conhecimento e poderá se surpreender!

~ 53 ~

A memória musical é a mais difícil de perder. Mesmo em caso de amnésia grave, permanecem intactas no cérebro ilhas dessa memória.

É comum a lembrança espontânea de melodias de quarenta, cinquenta anos atrás.

O contato com músicas ouvidas na infância e na juventude eliciam recordações e emoções associadas a esses períodos da vida, sendo estímulos valiosos.

A música pode agir como um ponto de acesso, abrindo caminho para novas conexões cerebrais. Ela é uma terapia agradabilíssima, capaz de melhorar sua qualidade de vida.

Procure ouvir com mais frequência suas músicas prediletas, e verá como vai se sentir muito bem.

~ 54 ~

As pegadas do tempo ficam nas expressões do rosto, nos sulcos da pele e nos cabelos brancos.

Uma vida bem conduzida dentro dos princípios ético-morais também deixa marcas – porém, na alma.

O resultado dos bons feitos na Terra é farol que ilumina o caminho a ser percorrido pelo Espírito imortal.

Conscientes ou não de nossa transcendência, a Lei da Imortalidade se aplica. A lagarta rastejante não sabe que depois do casulo ganhará asas para voar, mas isso não impede seu desenvolvimento.

Quanto mais esclarecido for o homem sobre a imortalidade e a realidade da vida espiritual, mais bem preparado estará para este futuro.

~ 55 ~

A infância é a época da vida em que somos mais criativos, talvez porque o aprendizado do "não pode" e "é impossível" ainda não está estruturado.

É de esperar que, à medida que a idade avance, nossa criatividade e imaginação sofram severo declínio, a não ser que risquemos do vocabulário as palavras *impossível* e *medo*.

Parte da inspiração vem de dentro de nós, o restante precisamos buscá-la ao nosso redor, no contato com a natureza, observando e estando com outras pessoas.

Cuidar do jardim, fazer uma horta, passear no parque, estar em contato com a terra, conhecer pessoas e conversar são experiências estimulantes.

Descubra algo novo para fazer, algo que lhe dê prazer!

~ 56 ~

Nosso verdadeiro lar está na dimensão espiritual; aqui estamos só de passagem.

A morte do corpo representa libertação para o espírito, e o nascimento festejado por todos nós na Terra, é uma espécie de exílio, pois o espírito sente-se enclausurado.

Aqui a despedida é chorosa, e é natural que assim seja; porém do outro lado da vida, somos recepcionados com alegria, pois lá temos afetos que se rejubilam com a nossa volta.

~ 57 ~

Preparamos-nos antes de cada nova existência no mundo espiritual; para as lidas aqui na Terra.

Da mesma forma devemos nos preparar para o retorno ao verdadeiro lar.

Um instrumento valioso à nossa disposição é a oração. Ela nos conecta com nossos guias espirituais[1], por isso é passaporte para uma viagem segura.

Tenha sempre disposição para a prece.

---

[1] O mesmo que anjos da guarda.

~ 58 ~

"Não dê importância à idade do seu corpo físico: seja sempre jovem e bem-disposto espiritualmente.

A alma não tem idade.

A mente jamais envelhece.

Mesmo que o corpo assimile os sintomas da idade física, mantenha-se jovem e bem-disposto, porque isto depende de sua mentalização positiva.

Faça com que a juventude do seu espírito se irradie através do seu corpo, tenha ele a idade que tiver."[1]

---

[1] Carlos Torres Pastorino. Minutos de Sabedoria. Petrópolis: Vozes, 2003. Mensagem n. 58.

~ 59 ~

"Você, que se acha enfermo, preso a um leito de dor, não desanime!

A doença não é um mal, pois é através da enfermidade que nos libertamos das vibrações grosseiras dos maus pensamentos, das más palavras e das más ações.

Suporte com paciência sua enfermidade, porque por meio dela se está purificando o organismo psíquico, sua alma, que só pode expulsar as impurezas por meio das doenças físicas."[1]

---

[1] Carlos Torres Pastorino. Minutos de Sabedoria. Petrópolis: Vozes, 2003. Mensagem n. 59.

~ 60 ~

Com o aumento da expectativa de vida, as pessoas se aposentam com bastante vigor físico, o que tem despertado o interesse de investidores em turismo e lazer, bem como em atividades culturais voltadas a essa faixa de idade.

Em muitos casos, os idosos são o arrimo da família, prestando grande auxílio no apoio econômico e emocional, ou até mesmo na educação dos netos.

Cada vez mais torna-se comum ver idosos correndo em parques, andando de bicicleta, atuando normalmente em suas profissões, casando-se etc., adiando, assim, os processos naturais de envelhecimento.

Logicamente, muitas variáveis estão em pauta, como doenças preexistentes, alimentação, atividade física, viciações, sentimentos, humor etc.

Seja qual for a sua situação, sempre há alguma coisa que você possa fazer para aprimorar sua qualidade de vida.

Pense nisto!

~ 61 ~

É alarmante o índice de idosos que vivem no passado.

Comumente ouvimos dos que não desejam envelhecer: "Ah, eu gostaria de parar o tempo!"

A vida oferece sempre oportunidades de crescimento e progresso, independentemente da idade que se tenha, da disposição física, dos recursos financeiros, da localidade em que se vive, da época, além de outras variáveis.

Tudo o que já foi vivido deve ser usado em seu benefício, impulsionando seu bem viver no presente.

Quem para no tempo, envelhece mal.

Eduque-se para um envelhecimento "legal"!

~ 62 ~

Já ouvi muitas vezes a frase:
— Queria ter a cabeça de hoje com o "corpítio" de vinte.

Fica claro que não há o desejo de abrir mão da experiência adquirida, e acredito que ninguém com mais de vinte desejaria a imaturidade de tal idade.

"Tudo na vida tem seu preço, e o preço da experiência são os anos vividos com o natural desgaste do corpo físico."[1]

É preciso compreender os sublimes desígnios da vida para enxergar a beleza que existe no envelhecimento.

---

[1] Luís Antônio Ferraz (pelo espírito Antônio Carlos Tonini). No Entardecer da Existência. Votuporanga: Didier, 2004.

~ 63 ~

"Concedei-nos, Senhor, a serenidade necessária para aceitar as coisas que não podemos modificar, coragem para modificar aquelas que podemos, e sabedoria para distinguir umas das outras."[1]

Provavelmente, muitos de meus leitores nasceram com doenças ou deficiências físicas graves, ou foram vítimas de outros males que lhes impuseram difíceis restrições na vida.

Outros nasceram órfãos, sofreram maus-tratos na infância e passaram por privações de toda ordem.

Certamente, essas são as "coisas" citadas na oração, em relação às quais

---

[1] Oração da Serenidade, adotada pelos Alcoólicos Anônimos (AA), Amor Exigente (AE) e outras instituições de autoajuda..

precisamos de serenidade para aceitar, mesmo sem lhes compreender os desígnios.

Jesus deixou uma mensagem consoladora aos que têm uma postura de resignação diante dos infortúnios que estão fora do seu raio de ação: "Bem-aventurados os aflitos, porque serão consolados".

~ 64 ~

Geralmente, aceitamos bem a ideia de nos privarmos de alguns prazeres, por exemplo, guardando dinheiro para uma eventualidade ou uma velhice mais tranquila; ou passando por uma cirurgia de difícil recuperação, para poder desfrutar de saúde.

Se nos fosse dado o livre-arbítrio para escolher, antes da vida corpórea, o tipo de provas que desejamos passar, nenhum espanto causaria se escolhêssemos as mais difíceis, se isso trouxesse bem-estar futuro, não é verdade?

Pois é assim que acontece.

Embora seja sempre admirável, não há nada de extraordinário, no fato de um espírito, antevendo o futuro – e este lhe parecendo mais importante que os prazeres do mundo –, escolher as provas mais eficazes ao seu progresso moral.

Infelizmente, em nossa parca condição evolutiva, aprendemos muito mais com a dor do que com as alegrias.

Deus tem um ideal para cada um de nós, e precisamos de quantas existências forem necessárias a fim de sermos tão perfeitos e felizes quanto possível.[1]

---

[1] Adaptação de O Livro dos Espíritos, Codificado por Allan Kardec.

~ 65 ~

Acompanhe a narrativa:

Em uma época distante, uma peste devastadora se espalhou sobre um povoado, causando muito sofrimento e morte à população.

Deus, compadecido por tanta dor, enviou um anjo com a incumbência de encontrar alguém que pudesse se dedicar aos enfermos e lhes oferecer benefícios.

O anjo procurou por um homem muito conhecido por sua devoção ao Senhor, mas este estava tão imerso em contemplação e clausura espiritual, que, não percebendo as necessidades à sua volta, não pôde ouvir o pedido de socorro do anjo às vítimas da epidemia.

O mensageiro afastou-se e recorreu a outras pessoas amantes da lei. Com nenhuma delas houve afinidade no propósito de auxílio ao próximo.

Incansável, à procura de alguém que executasse o trabalho socorrista, recorreu a um velho, ex-presidiário, que se mantinha no forte propósito de regenerar-se. "Através dos fios invisíveis do pensamento, convidou-o a segui-lo; e o velho ladrão, sinceramente transformado, não hesitou."[1]

Já dizia o Cristo: "O amor cobre a multidão de pecados".

Um pecador, sinceramente convertido ao serviço do bem, pode estar mais próximo de Deus do que os homens ociosos em sua santidade.

Tenha consigo a afirmação: "sempre é tempo de recomeçar", pois encerra motivação e esperança, capazes de transformar vidas.

---

[1] Francisco Cândido Xavier (pelo espírito Neio Lúcio). Jesus no Lar. Brasília: FEB, 1992.

~ 66 ~

"Os longos anos vividos proporcionam ao homem a experiência e a sabedoria, assim como depois do plantio se obtém a colheita."[1]

Existem várias referências na literatura que fazem analogia da senectude com a colheita.

O que o lavrador faz depois da colheita?

Tem ele em suas mãos os frutos, resultado de sua laboriosa atividade.

Deverá ele ficar triste por ter finalizado seu empreendimento? Deverá guardar os frutos como troféu da fartura?

Claro que não! É hora de distribuir o que colheu, para que o trigo vire pão à mesa.

---

[1] Luís Antônio Ferraz (pelo espíritoAntônio Carlos Tonini). No Entardecer da Existência.Votuporanga: Didier, 2004.

Ledo engano quem pensa que a labuta termina com a colheita.

Os bons frutos do seu trabalho não podem se perder. Viva intensamente, alimentando muitos com uma postura fraterna e digna diante das situações do dia a dia.

~ 67 ~

Não é raro homens e mulheres desenvolverem, depois dos cinquenta anos, o medo de ficarem velhos.

O temor de enfrentar essa realidade eminente pode conduzi-los a um mecanismo de fuga ou negação, levando à apatia que aniquila a vontade, ou criando uma ilusão que distorce a percepção da realidade.

Em ambos os casos, não há aceitação de si mesmos, com pouca autoestima.

Os primeiros sintomas podem aparecer na juventude, com a aversão pelo envelhecimento, seja por associá-lo com fracasso e invalidez, ou por vaidade. É necessário, contudo, superar essa crença.

Essa fase da vida deve ser percebida como um abençoado desafio, a ser encarado de frente, com coragem e otimismo.

~ 68 ~

Tenha sempre consigo o sentimento de gratidão a Deus.

Quando voltamos nossa atenção ao que temos para agradecer, as queixas assumem papel secundário em nossa vida.

Comece o dia agradecendo pela noite anterior, independente de ter sido bem ou mal dormida.

Agradeça pela companhia das pessoas ao seu redor, mesmo que não seja a dos familiares queridos.

Agradeça pela beleza das flores, mesmo que não possa visualizá-las de fato.

A gratidão é o caminho mais seguro para alcançarmos a felicidade, pois nos leva, naturalmente, a percebermos as coisas boas que antes passavam despercebidas!

~ 69 ~

O homem foi criado para viver em sociedade e precisa da companhia dos seus para ser feliz.

No entanto, a prática da meditação, a reflexão acerca da vida, momentos reservados para contemplar a natureza, a introspecção que leva ao autoconhecimento, a oração para se conectar com Deus são hábitos saudáveis e inspiradores, e não devem ser confundidos com reclusão.

Tais práticas conectam o homem com a vida; a reclusão, ao contrário, traz melancolia, afasta-o de amigos, vizinhos e familiares, e culmina com a completa solidão.

Aquele que, no decorrer da vida, optou por buscar o isolamento nas situações difíceis, fique alerta!

Reaja! Consciente dessa tendência malfazeja, busque a companhia dos amigos, participe da vida dos familiares, envolva-se com atividades sociais e humanitárias da sua comunidade.

Participe!

~ 70 ~

Escrevi aos jovens leitores, em Crescendo com Sabedoria:

Costuma-se dizer que as pessoas idosas são mais sábias. Porém, esta sabedoria é aprendida.

Procure, desde já, fazer as melhores escolhas.

Quando o seu "eu sombra" se manifesta, você é egoísta e só pensa em você.

Quando o seu "eu luz" se manifesta, você é nobre e pensa, também, nos outros.

Você pode escolher qual "eu" você quer ser.

Se você quer crescer com sabedoria, escolha o "eu" luz.

Na verdade, temos potencialidades

ilimitadas a serem desenvolvidas na infinitude do tempo, que ultrapassam os limites, do berço ao leito de morte, o que nos torna neófitos a vida toda.

Se você quer envelhecer com sabedoria, escolha o "eu luz".

~ 71 ~

Diz o ditado: "Avós têm açúcar", pois os netos os adoram.

Sem o peso da responsabilidade, que deve ser atribuída aos genitores, os avós podem "curtir" mais plenamente a companhia dos pequenos. Levá-los a passeios, fazer um lanche juntos e comprar-lhes presentes são atividades que, certamente, agradam as crianças, mas os avós devem aproveitar o status obtido pelos anos de experiência, orientando-as no bem.

Crie oportunidades entre uma brincadeira e outra para ensinar-lhes os valores cristãos, da amizade, do respeito às diversidades, da honestidade, do respeito à natureza e tantos outros. Fale sobre Deus, ensine-as a orar.

São sementes de virtudes, plantadas na alma, que os avós sabem como, bem adubá-las.

~ 72 ~

A expressão "choque de gerações" ilustra bem a ideia comum sobre o relacionamento entre jovens e idosos.

Há quem alardeie ser impossível a amizade e o companheirismo entre o idoso e o neto adolescente.

O avanço tecnológico é o maior responsável pelas mudanças de costumes ao longo das décadas, porém, os valores e princípios essenciais permanecem.

O amor que permeia os membros de uma família é um desses princípios, e justifica o esforço de ambos para uma reaproximação.

Cabe ao jovem desenvolver a paciência e a capacidade de escutar, compreendendo as dificuldades próprias da idade avançada.

Porém, serão exigidas também do

idoso persistência e determinação neste empreendimento. Entende-se que o idoso tem mais a oferecer por ter vivido mais e possuir recursos que lhe possibilite compreender os conflitos da juventude.

~ 73 ~

O homem só se desenvolve moralmente em contato com os seus, a vida de isolamento é contrária à Lei Natural.

A Terra é um grande laboratório para o cumprimento da Lei do Progresso, da qual faz parte toda a humanidade.

Todos, independente da idade, dificuldades físicas ou mentais, respeitando as particularidades de cada caso, devem participar da vida em sociedade.

Abdicar de sair com os familiares para não lhes dar trabalho é um erro, pois quem muito se ausenta acaba se acostumando com a solidão, e os familiares com a sua falta. Aceite os convites e demonstre seu desejo em ir a passeios, almoços de domingo, conhecer lugares novos etc.

"A companhia dos familiares deve ser conquistada por parte do idoso, através de sua solicitude, simpatia e carinho para com os seus."[1]

---

[1] Luís Antônio Ferraz (pelo espírito Antônio Carlos Tonini). No Entardecer da Existência. Votuporanga: Didier, 2004

~ 74 ~

"Nunca pense em querer morrer, nenhum sofrimento justifica desejar a morte" – assim começa uma das mensagens de Crescendo com Sabedoria.[1]

Continuo a afirmá-la para meus leitores da terceira e quarta idades, que possam estar acamados e com perspectiva de pouco tempo de vida na Terra.

Há uma grande diferença entre desejar morrer e aproveitar o pouco tempo que resta preparando-se para o outro lado da vida.

O diferencial é a intenção que permeia a tomada de decisão.

Há quem negue alguns tratamentos evasivos, que poderiam prolongar sua vida por alguns meses ou anos, para

---
[1] Anabela Sabino. Crescendo com Sabedoria. Catanduva: Boa Nova, 2014.

desfrutar do convívio familiar, com mais qualidade de vida.

Mesmo neste caso, a ideia dominante é viver!

O desejo de viver é a melhor opção!

~ 75 ~

Qual foi a última vez que você fez um amigo?

Faz tempo que não conhece uma pessoa nova?

Na infância e juventude, as amizades são feitas geralmente no parquinho do condomínio e na escola; já mais maduros, as fazemos em instituições das quais participamos e no trabalho.

Muitas instituições religiosas e sociais têm projetos voltados para a terceira idade, como palestras informativas e dicas de saúde; promoção de bailes, passeios em parques e excursões, sendo essas excelentes oportunidades para se divertir e conhecer outras pessoas.

O idoso, muitas vezes, deixa-se levar pelas dificuldades naturais do desgaste físico, e não se permite buscar a companhia do outro.

Os amigos são um presente que enriquece a existência das criaturas em todas as idades. Eles passam por nossa vida cumprindo seu papel em determinado momento, quase sempre sendo renovados.

Por que deveria ser diferente na velhice?

Saia do isolamento e busque oportunidades para o cultivo da amizade, e encontrará novos estímulos para a vida.

~ 76 ~

Nos tempos modernos, as notícias chegam com muita rapidez, e as mudanças no mundo, também.

A falta de informação pode criar um distanciamento social nada saudável. O idoso pode, aos poucos, se afastar do convívio dos familiares por não acompanhar os assuntos em pauta.

Procure se reciclar, para acompanhar o que se passa. Leia mais, acompanhe os noticiários da televisão, navegue pela internet.

Não espere pelo estímulo dos outros; é imprescindível que você demonstre interesse em se atualizar.

Busque em você a motivação necessária, com vontade forte, para sair das amarras paralisantes da acomodação.

Uma boa integração exige mais empenho de sua parte.

~ 77 ~

Se você não teve a felicidade de criar o hábito da leitura ainda, pode, e deve, iniciá-lo o quanto antes.

Os livros são boa companhia, conselheiros sábios, amigos acessíveis e pacientes professores.

Além de informar e entreter, os livros nos ajudam a pensar, iluminam a alma e nos fazem sonhar.

Dedique-se diariamente à leitura. Não abra mão desse recurso valiosíssimo.

Antes de dormir, leia livros de mensagens edificantes, preparando-se para uma boa noite de sono.

A alma precisa da leitura que conforta, encoraja e traz esperança, tanto quanto o corpo precisa de alimentação saudável.

~ 78 ~

Pensando nas necessidades dos idosos, o poder público tem voltado sua atenção para assegurar-lhes melhores condições de vida.

Cada vez mais, os idosos participam de atividades fora de casa, estão em academias, mercados, shoppings, parques etc.

Hoje temos vagas especiais para carros nas ruas e em empreendimentos comerciais; lugares preferenciais em ônibus e filas; assim como descontos em vários eventos culturais e serviços, ou mesmo entradas livres.

Essas condutas são mais do que justas.

Usufrua com dignidade das oportunidades oferecidas que possam tornar seu dia a dia melhor.

~ 79 ~

A felicidade depende mais do bem que fazemos aos outros, do que do bem que recebemos.

A alegria de receber passa rápido, a satisfação de fazer algo de bom fica dentro da gente.

O nome deste sentimento é felicidade.

Assim escrevi para os jovens leitores em Crescendo com Sabedoria[1].

Penso que, na quarta idade, devido às limitações próprias da idade, em que cada vez mais necessitamos ser atendidos pelo outro e menos podemos oferecer, a fórmula da felicidade muda.

A gratidão em receber deve ser o gerador da felicidade.

---

[1] Anabela Sabino. Crescendo com Sabedoria. Catanduva: Boa Nova, 2014.

~ 80 ~

Os mais velhos costumam dizer coisas do tipo: "na minha época...", "no meu tempo...", sinalizando o quanto se sentem deslocados.

Não importa quantos anos temos, nosso momento é aquele que estamos vivendo, portanto, é importante acompanharmos as transformações do "nosso" tempo.

Muitos acreditam que estão velhos demais para criar e-mail, explorar os aplicativos do celular ou navegar na internet.

Quanto mais adaptado ao seu tempo, mais amplo será o seu poder de escolhas. Ter um perfil no Facebook, por exemplo, o manterá mais conectado a amigos e familiares.

Acompanhe os avanços tecnológicos para não ficar fora do seu tempo.

~ 81 ~

Você criou os filhos e dedicou grande parte da sua vida a eles. Possibilitou que estudassem, deu-lhes carinho, ensinou o que é certo e o que é errado.

Mesmo sendo adultos, sente-se inquieto quanto ao futuro deles? Pensa nos filhos e nos netos, e em como vão viver quando não estiver mais aqui para ampará-los?

Tranquilize-se. Confie na educação que você lhes deu e na capacidade de cada um deles em gerenciar a própria vida.

Tem coisas que ninguém pode fazer pelo outro, por exemplo, viver sua vida.

Jesus ensinou à humanidade que o amor é o melhor caminho para chegarmos a Deus, embora, na maioria das vezes o prolongamos pelas escolhas mal tomadas. Deus, que é Pai, aguarda paciente o nosso retorno, respeitando-nos em nosso livre-arbítrio.

Da mesma forma, você deixou seus filhos cairem para aprender a andar. Os escorregões são inevitáveis.

Tenha fé, relaxe, confie.

~ 82 ~

A palavra *impossível* é utilizada como se fosse uma fatalidade a respeito da qual nada se pode fazer!

É muito perigosa, porque anula qualquer iniciativa de ação, deixando a impressão de que tudo foi tentado.

Alguns medos não revelados, sustentam a ideia de que devemos desistir, porém todo homem pode libertar-se das suas imperfeições por efeito da vontade.

O impossível não existe de fato. Seus limites são ditados pela mente de cada um. Amplie sua mente e verá que há muita coisa que pode ser considerada possível.

Não detenha sua caminhada por causa do impossível.

~ 83 ~

Cultive o hábito de orar!

Pela prece, o homem entra em contato com Deus através do pensamento. Orar a Deus é pensar Nele, é aproximar-se Dele.

O socorro pedido com sinceridade chega em forma de coragem, paciência e intuição de boas ideias sobre os meios para superar as dificuldades, deixando a você o mérito da ação.

Lembre-se: os decretos da "Providência Divina" estão subordinados à intenção, ao arrependimento de quem ora e ao retorno à senda do bem.

Deus assiste os que ajudam a si mesmos, de conformidade com a máxima: "Ajuda-te, que o Céu te ajudará".

Confira a eficácia da prece.[1]

---

[1] Adaptação de O Livro dos Espíritos, Codificado por Allan Kardec

~ 84 ~

Se verificar as causas dos seus infortúnios, verá que, na maioria, resultam de sua imprevidência: caminhos desviados pela impulsividade da juventude; relações cortadas pelo orgulho; o medo e a descrença na própria capacidade, impedindo-o de ver boas oportunidades de crescimento; preguiça e comodismo; falta de planejamento para o futuro; fuga de suas responsabilidades, motivada pelo egoísmo; entrega à viciação; hábitos prejudiciais à saúde, e assim por diante.

A colheita é obrigatória, tanto das boas sementes plantadas como das más.

Como diz o ditado popular: "Não adianta lamentar pelo leite derramado". Essas foram as suas escolhas, é a sua história. Cabe a cada um aprender as lições impostas pelo próprio roteiro de vida.

O arrependimento sadio deve suavizar a culpa, para que esta não paralise as ações em direção da expiação[1] resignada e reparação do que foi mal feito.

Assim toda dor, sofrida ou causada não terá sido em vão!

---

[1] Expiação: Consequência natural e inevitável dos erros cometidos.

~ 85 ~

Ninguém tem saudade de uma circunstância ruim vivenciada.

Se há saudade, é porque houve bons momentos vividos, o que deveria ser motivo de júbilo.

Quando as recordações de uma pessoa querida e ausente trazem tormentos e lágrimas, é necessário entender que sentimentos estão por trás delas.

A tristeza pode ser motivada por sentimentos de culpa, egoísmo, medos e, principalmente, pela não compreensão de que a ausência é passageira.

Os laços do amor que unem os corações são ímãs que se procuram na existência espiritual.

Tenha certeza do reencontro feliz!

Enquanto isso, selecione o que há de melhor para lembrar.

~ 86 ~

Achei intrigante o fato de Aldous Huxley, famoso estudioso da natureza humana, em seu leito de morte, aos 69 anos, ao ser inquirido em deixar um conselho à humanidade, tenha se referido à gentileza ; "Só precisamos ser um pouco mais gentis uns com os outros."

A gentileza vai além da educação. As pessoas esperam que sejamos educados, mas a gentileza as surpreendem e as tocam profundamente, sensibilizando-as para o bem...

Um aspecto importante é o fato de que na gentileza o outro sempre está presente na relação.

Se gentileza gera gentileza, há de chegar um dia em que um ser humano só se dirigirá a outro com palavras e gestos gentis.

Eu, você, todos nós fazemos parte desta corrente do bem.

~ 87 ~

Pensamentos e sentimentos vibram em uma determinada frequência, conforme a categoria em que se enquadram: alta frequência, os sentimentos mais nobres; e baixa frequência, os mais destrutivos.

Se estiver ligado a uma multidão de pensamentos inúteis e negativos, como vergonha, autocríticas, rancor, inveja, você estará se conectando a um campo vibratório similar. Estes pensamentos são responsáveis por grande perda de energia e podem causar doenças ao corpo e à mente.

Ao compreendermos que nossos pensamentos criam o mundo para nós, seremos mais cuidadosos e introspectivos com o nosso pensar, por exemplo: pensar bem de si mesmo e nos outros, selecionar boas palavras para serem ditas, tendo tolerância com as ideias contrárias às suas. Esta maneira pacífica e positiva de pensar requer concentração, capaz de gerar energia e força para o equilíbrio físico-mental.

Estamos todos capacitados a educar nossos pensamentos, é preciso exercitarmos tendo como aliada a vontade forte.

~ 88 ~

Talvez vocês estejam pensando que eu falo demais em "Espírito", talvez por considerarem que o Espírito é um ser à parte da criação.

Quando falo em Espírito, estou falando sobre mim, sobre você e toda a humanidade.

Em geral, tem-se uma ideia errada sobre eles, como se fossem vagos, indefinidos, despersonalizados. Mas quando desencarnados são seres como nós: possuem um corpo como o nosso, conservam a mesma personalidade que tinham em vida na Terra, apenas não sendo perceptíveis em nosso "estado normal". [1]

---

[1] São perceptíveis apenas pelos que têm a faculdade da mediunidade.

Durante a vida na Terra, a alma[2] possui dois envoltórios: um pesado, grosseiro e destrutível, que é o corpo físico; e outro mais leve e indestrutível.

A morte é a destruição do invólucro corporal, permanecendo o segundo envoltório.

Doenças, deficiências físicas e mentais, limitações próprias da idade mais avançada são sofrimentos da matéria corporal grosseira dos quais, com a morte do corpo, o Espírito pode se libertar.

A atividade mental, sua personalidade, caráter, pensamentos, preferências e afeições continuam sendo o que são.

Os conceitos sobre a vida e a morte continuam os mesmos.

A falta de informação a respeito da realidade após a morte pode causar, temporariamente, aflição, pela não compreensão dos fatos.

---

[2] Para efeitos didáticos, chamamos alma o ser quando em vida na Terra, e espírito quando em vida no mundo espiritual.

Se o assunto é novo para você, busque mais informações, mesmo que seja a título de curiosidade ou para ampliação cultural. [3]

---

[3] Adaptação de O Livro dos Espíritos, obra codificada por Allan Kardec

~ 89 ~

Como pais, mães e avós, não deixamos de dar o remédio amargo a uma criança, que em sua ingenuidade considera essa atitude um sinal de desamor.

Somos quais crianças diante das Leis Naturais criadas por Deus.

Como Pai justo e bom, Deus não privilegia nenhum de seus filhos; ao contrário, matricula todos na Escola da Vida Terrena, oferecendo aos filhos a oportunidade de galgar patamares evolutivos mais elevados, à medida que forem sendo bem-sucedidos nas provas de cada existência.

Nessa Escola, cabe ao aluno escolher por quais lições pretende passar, conforme seu êxito em existências anteriores.

Assim, há quem escolha as difíceis provas da fortuna, do poder, da fama ou da beleza, diante das quais é fácil sucumbir, pelo abuso e o mau emprego que se possa lhes dar.

Outros escolhem uma vida de misérias e sofrimentos, para se fortalecerem na fé e na coragem.

Porém, todos nós viemos ao mundo como "promessas" do bem. Aplique-se; não retarde sua escalada.[1]

---

[1] Adaptação de O Livro dos Espíritos, obra codificada por Allan Kardec

~ 90 ~

Em Crescendo com Sabedoria[1], preocupada com o fato de crianças e jovens estarem sofrendo algum tipo de abuso por parte de adultos, alertei:

Não deixe que uma pessoa o pressione a fazer coisas que você não quer.

Tenha coragem e confie o que o perturba a seus pais, tios, avós ou a um professor.

Confie o que o incomoda aos que lhe querem bem. Eles saberão como ajudá-lo.

"Não espere mais, busque uma solução!"

Infelizmente, o idoso também está vulnerável a sofrer maus-tratos e ser explorado.

Se isto estiver acontecendo com

---

[1] Anabela Sabino. Crescendo com Sabedoria.. Catanduva: Boa Nova, 2014

você, decida por dar um basta a essa situação.

Olhe com atenção à sua volta, localize uma pessoa de sua confiança e relate o que está acontecendo.

As leis do Estatuto do Idoso foram criadas para garantir seu bem-estar; você merece ser tratado com dignidade.

Não postergue a solução do problema.

~ 91 ~

Na virada de cada ano, transbordamos de otimismo e vontade, e é assim que deve ser.

Mais desejável ainda é começarmos cada DIA NOVO com a disposição de um novo ano!

Nossos votos diários ficariam assim:

Vem aí um DIA NOVO.
Então, respire fundo.
Receba as novas energias.
E esteja pronto para novos pensamentos.
Afinal, este é o atual DIA da sua Vida.
Então, deixe que seu coração se encha de paz.
E que o amor invada sua alma.
Não espere apenas um BOM DIA.
Abrace o GRANDE DIA.

Reflita sobre tudo o que passou.

Aprenda com o que viveu.

Ressignifique seu aprendizado.

E revigore suas expectativas.

Afinal, vem aí um NOVO DIA cheio de oportunidades.

Que ele seja afortunado.

Que prevaleça o perdão.

E que a cooperação seja tão comum quanto respirar.

Que a cada minuto você seja grato por estar vivo.

E por poder recomeçar.

Assim, sinta a felicidade irradiando em sua vida.

E tenha a certeza de que, neste NOVO DIA, você fará melhor do que no dia que passou![1]

---

[1] Adaptação de texto de autor desconhecido

~ 92 ~

É de Lavoisier, francês considerado pai da Química moderna, a afirmação: "Na natureza nada se cria, nada se perde, tudo se transforma".

Cai a flor para dar lugar ao fruto; hiberna a lagarta, para o esplendor da borboleta; o sol se põe para poder vir a noite; deixa-se de ser criança, para ganhar a maturidade; nesta mudança, perde-se para ganhar algo mais.

Cerram-se os olhos do corpo para abrirem-se os olhos do Espírito.

Deixamos, temporariamente, os afetos e amigos da Terra, para reencontrar aqueles que nos esperam na espiritualidade.

Quando desenvolvermos todas as virtudes, sairemos da condição de simples aprendizes e atingiremos o patamar de "anjos"[1].

---

[1] Os anjos foram criados simples e ignorantes, como nós, mas, através da Lei da Evolução, por seus próprios méritos, atingiram a iluminação. Conceito retirado de O Livro dos Espíritos, de Allan Kardec.

~ 93 ~

Se você crê em Deus, concorda que Ele é a inteligência suprema, causa primeira de todas as coisas.

A Terra é uma parada transitória; quanto antes nos apossarmos das questões transcendentes da vida, mais cedo nos beneficiaremos de seus efeitos terapêuticos.

Se seu lado espiritual foi pouco explorado e sua vida se manteve mais ligada às coisas materiais, flexibilize-se para considerar a possibilidade da realidade transcendente.

Todas as religiões falam de Deus e desenvolvem o lado espiritualista; a ideal para você é aquela capaz de fazê-lo uma pessoa melhor e mais próxima de Deus.

~ 94 ~

Uma série de acontecimentos e decisões infelizes colaboram para que o idoso se afaste, cada vez mais, dos familiares, chegando muitas vezes a um estado de verdadeiro isolamento.

Afasta-se, inicialmente, a pretexto de não incomodar, o que é aceito sem muita insistência pelos parentes, por comodismo.

Uma vez isolado, falta-lhe ânimo para buscar a companhia dos filhos e se aproximar da vida dos netos.

Parentes e amigos enganam a si mesmos dizendo: "Ele prefere ficar sozinho, não gosta de barulho...".

Embora a valiosíssima descoberta de que podemos estar bem no singular faz parte da natureza humana a necessidade da interação social.

Trabalhe para resgatar a habilidade de estar com o outro.

Aproxima-se das pessoas.

~ 95 ~

Todos os homens e mulheres, de todas as raças, de todas as seitas, de todas as castas, de todas as idades, de diferentes orientações sexuais, em qualquer nível de desenvolvimento intelectual e moral, deficientes físicos ou não, doentes e saudáveis – somos todos irmãos.

Se você nutre sentimentos de animosidade como rancor, ódio, ciúme, inveja, preconceito por alguém ou grupo de pessoas, está na direção oposta à Lei do Amor.

"Só o amor constrói para a eternidade."[1]

---

[1] Frase de Carlos Torres Pastorino.Minutos de Sabedoria. Petrópolis: Vozes, 2003

～ 96 ～

Um linguista previu que, em trezentos anos, a língua portuguesa não será mais falada no Brasil, e sim uma mistura de português com espanhol.

A História da Humanidade confirma que nada permanece do mesmo jeito.

Tudo passa, muda e se transforma em nossas vidas. Momentos bons e ruins se revezam o tempo todo; pessoas vão, pessoas vêm, forçando-nos a aprender maneiras mais eficientes de nos relacionarmos.

A isso se dá o nome de experiência.

Segundo Aldous Huxley: "Experiência não é o que acontece com um homem, é o que o homem faz com o que acontece com ele".

Não temos o domínio de grande parte

dos acontecimentos, por isso é acalentadora a ideia de que não somos produto do que nos acontece, mas do significado que damos às coisas.

~ 97 ~

As crianças não têm a ilusão de saberem tudo. Curiosas, buscam por respostas, motivadas pela sua lógica intelectual, pois não precisam confirmar ideias preconcebidas.

Nós, os mais velhos, ao contrário, somos levados a buscar a confirmação daquilo que temos como verdade, sem buscar, de fato, o verdadeiro conhecimento.

Há vários provérbios nos alertando de que, depois de certo tempo, fica mais difícil mudarmos nossos conceitos.

Espero que a leitura deste livro tenha levantado algum tipo de inquietação em você; alguma dúvida sobre algum tema; um alerta sobre algo que havia passado despercebido, ou até mesmo lhe oferecido um novo aprendizado.

No entanto, se não suscitou nada de diferente, é sinal de que você continua exatamente igual ao que era antes do início da leitura.

O escritor neurolinguístico Richard Bandler diz que a maior praga da humanidade é estarmos seguros demais a respeito de alguma coisa, porque aí paramos de raciocinar e, provavelmente, deixamos de levar coisas importantes em consideração.

Coloque suas certezas à prova; faça contato com o novo, mesmo que seja para concluir que não gostou.

Refletir, buscar outras fontes de informação e trocar ideias com outras pessoas exercita a mente, desenvolve o raciocínio lógico e proporciona mais conhecimento, tornando sua alma mais jovem.

~ 98 ~

"A alma tem necessidade da oração em maior dosagem do que o corpo de pão."[1]

A oração chega ao seu destino pelo processo da transmissão do pensamento.

O som se propaga através do ar, que ocupa todos os espaços da atmosfera terrestre. De maneira similar, o pensamento é transmitido em ondas, através do fluido universal no qual estamos mergulhados, "com a diferença de que as vibrações do ar são circunscritas, ao passo que as do fluido universal se estendem ao infinito"[2].[3]

[1 e 2] Divaldo Pereira Franco (pelo espírito Amélia Rodrigues). O Trigo de Deus. Salvador: Leal, 2000

[3] Fluido universal é a matéria elementar primitiva, cujas modificações e transformações constituem a inumerável variedade de corpos na natureza. Desempenha o papel de intermediário entre o Espírito

Por meio da vontade, o pensamento em prece é impulsionado através da corrente fluídica, estabelecendo a comunicação do plano físico com o plano espiritual e vice-versa, assim como relações entre os homens[4] e entre Espíritos.

Aonde você estiver, a prece dirigida chega ao seu destinatário, com a força proporcional à impulsão que lhe é dada através da vontade e da fé.

Mantenha essa linha de comunicação livre, por intermédio da prece e de sentimentos nobres, para receber inspiração espiritual.[5]

---

e a matéria propriamente dita. Conceito retirado de O Livro dos Espíritos, obra codificada por Allan Kardec.

[4] Fenômeno conhecido por telepatia.

[5] Adaptado de O Evangelho segundo o Espiritismo, obra codificada por Allan Kardec.

~ 99 ~

Lembre-se: você nunca está sozinho; está sempre em companhia de seres superiores, que estão por perto para aconselhá-lo, sustentá-lo e ajudá-lo em tudo o que tiver um bom propósito. São amigos mais confiáveis e dedicados do que as mais íntimas ligações que possa estabelecer na Terra.

Não é uma ideia consoladora a doutrina dos anjos guardiões? Por ordem de Deus, estão ao nosso lado. Aí se acham por amor a Ele, realizando bela e penosa missão.

Aonde quer que esteja, estarão com você.

Prisões, hospitais, asilos, praças, lugares mal frequentados, solidão – nada pode separá-lo desses amigos que você não vê, mas cujos suaves impulsos sua alma sente, assim como escuta também seus sábios conselhos.

Se conhecesse melhor a ação dos guias protetores, quantas vezes eles poderiam tê-lo ajudado em momentos de crise!

Interrogue seus anjos da guarda; estabeleça com eles essa tenra intimidade que reina entre os melhores amigos.

Explore esse caminho. Vá em frente, pois você possui guias que deve seguir.

O destino desta caminhada está acima de qualquer expectativa e não pode frustrar ninguém, porque a meta é o próprio Deus.[1]

---

[1] Adaptação de O Evangelho Segundo o Espiritismo, obra codificada por Allan Kardec.

~ 100 ~

Na passagem da multiplicação dos pães, diante da multidão faminta, Jesus não perguntou aos discípulos: "Quantos pães são necessários?", e sim "Quantos pães vocês têm?"

Se queremos ajuda, é necessário apresentarmos algo à Providência Divina como base para o socorro rogado. Jesus já nos alertava: "Ajuda-te, e o Senhor te ajudará".

Seja qual for sua dificuldade – dor, medo, dúvida, carência, solidão –, esforce-se para buscar novas alternativas.

Todo o esforço que fizer para se sentir melhor será valorizado pela providência divina; são as migalhas de pão que se multiplicarão em bênçãos.

Tenha fé.

~ 101 ~

"Águas passadas não movem o moinho."

A vida pode ir se arrastando, anos afora, aumentando o rio das lamentações. Por que deixei aquilo acontecer? Por que não tomei uma atitude quando era tempo? Por que eu fiz assim ou assado? Por quê?

Quando chega a idade da sabedoria, que é diferente para cada um – pode ser aos cinquenta, sessenta, setenta, noventa anos –, temos uma percepção diferente.

Com as lentes de alto alcance, o panorama se amplia – enxergamos com os olhos da alma, quando nada é tão urgente, definitivo, finito, impossível, além de outros adjetivos assustadores.

Com mais lucidez, aceitamos o que

pudemos fazer naquela fase da vida: "Fiz o que podia fazer", compreendendo mais facilmente as limitações da imaturidade: "Hoje faria diferente".

Se a maturidade trouxer a sabedoria do "melhor olhar", será uma maravilhosa conquista.

~ 102 ~

Imagine alguém indo ao mercado em um sábado pela manhã. É abordado por um ser estranho, de voz grave, que, analisando profundamente sua alma, lhe diz:

— Chegou sua hora; largue tudo e me acompanhe.

A pessoa, antevendo o que estava acontecendo, fingindo estar mais ou menos surpresa, indaga:

— Assim, sem mais nem menos, sem aviso?

O visitante "inesperado" olha com indiferença a surpresa do abordado. Já está acostumado; tenha ele quarenta ou oitenta, seja homem ou mulher – sua reação é sempre a mesma.

— Quando vou encontrar alguém que esteja preparado para esta viagem? —

Pensa tão alto, que o interpelado o escuta.

O interpelado insiste em receber mais uma chance. O anjo mensageiro aceita adiar sua partida, desde que este lhe dê duas boas razões pelas quais valeria a pena ainda deixá-lo por ali mais tempo[1], desde que não sejam: "preciso organizar pendências da profissão" ou "preciso garantir a segurança da família".

Na verdade, somos pegos de surpresa, mesmo sabendo que a passagem já está comprada e que pode acontecer a qualquer hora.

Será que existe um argumento razoável, capaz de convencer o anjo visitante a nos deixar aqui por mais tempo?

Estaremos prontos quando o derradeiro dia chegar se conduzirmos nossas vidas nos esforçando para superar nossas limitações morais – aceitando que agimos da melhor maneira que nos foi possível.

---

[1] Adaptação de fábula de autor desconhecido.

~ 103 ~

"Em plena maturidade sinto em mim a menina assombrada com a beleza da chuva que chega sobre as árvores num jardim de muitas décadas atrás. Tudo aquilo é para sempre meu, ainda que as pessoas amadas partam, que a casa seja vendida, que eu já não seja aquela.

Para isso precisarei abrir em mim um espaço onde abrigar as coisas positivas, e desejei que fosse maior do que o local onde inevitavelmente eu armazenaria as ruins.

Os contornos deste eu que me propuseram precisaram ser ampliados segundo o meu jeito, para que, dentro de todas as minhas limitações, eu pudesse me abrir e acolher a minha vida em constante transformação. [...]

Pode parecer utopia, mas se eu não

deixar que se embote a minha sensibilidade, quando envelhecer, em vez de estar ressequida eu terei chegado ao máximo exercício de meus afetos."[1]

---

[1] Escritora brasileira. Começou a escrever com 41 anos. Autora de 23 obras literárias. Trecho do livro Perdas e Ganhos. Rio de Janeiro: Record, 2004.

~ 104 ~

"Nascemos do jeito que somos: algo em nós é imutável[1], nossa essência são paredes difíceis de escalar, fortes demais para admitir aberturas. Essa batalha será a de toda a nossa existência.

As ferramentas para executarmos a tarefa de viver podem ser precárias. Isso quer dizer; algumas pessoas nascem mais frágeis do que outras. [...]

O meu diminuto jardim me ensina diariamente que há plantas que nascem fortes, outras mal formadas; algumas são atingidas por doenças ou fatalidade em plena juventude; outras na velhice retorcida ainda conseguem dar flor..."[2]

---

[1] "Imutável".Nota minha, para assinalar que o imutável é relativo.

[2] Lya Luft. Perdas e Ganhos.Rio de Janeiro: Record, 2004

Nunca deixe de acreditar no potencial infinito de talentos latentes em você, assim como existe "princípio de aroma no botão de flor que ainda não se abriu"[3].

---

[3] O Livro dos Espíritos, codificado por Allan Kardec.

~ 105 ~

"Eu nunca trocaria meus amigos surpreendentes, minha vida maravilhosa, minha amada família por menos cabelos brancos ou uma barriga mais lisa.

Enquanto fui envelhecendo tornei-me mais amável para mim e menos crítica de mim mesmo. Eu me tornei meu próprio amigo.

Não me censuro por comer biscoitos extras, ou por não fazer a minha cama, ou pela compra de algo bobo que eu não precisava. Eu tenho o direito de ser desarrumado, de ser extravagante. Vi muitos amigos queridos deixarem este mundo antes de experimentarem a grande liberdade que vem com o envelhecimento.

Quem vai me censurar se resolvo ficar lendo ou jogando no computador até as quatro horas, e dormindo até meio-dia?

Eu dançarei ao som daqueles sucessos maravilhosos dos anos 1960 e 1970, e se eu ao mesmo tempo desejar chorar por um amor perdido... eu vou.

Se eu quiser, vou andar na praia em um shorts excessivamente esticado sobre um corpo decadente e mergulhar nas ondas com abandono, apesar dos olhares penalizados dos outros. Eles também vão envelhecer.

Eu sei que sou às vezes esquecido, mas há algumas coisas na vida que devem ser esquecidas. Eu me recordo das coisas importantes.

Claro, ao longo dos anos, meu coração foi quebrado. Como pode seu coração não se quebrar quando você perde um ente querido ou quando uma criança sofre?

Mas corações partidos são o que nos dão força, compreensão e compaixão.

Um coração que nunca sofreu é imaculado e estéril, e nunca conhecerá a alegria de ser imperfeito.

Sou abençoado por ter vivido o suficiente para ter meus cabelos grisalhos e ter os risos da juventude gravados para sempre em sulcos profundos em meu rosto.

Conforme você envelhece, fica mais fácil ser positivo. Você se preocupa menos com o que os outros pensam. Eu ganhei o direito de estar errado.

Por tudo isto, eu gosto de ser velho. Eu gosto da pessoa que me tornei.

Não vou viver para sempre, mas, enquanto ainda estiver aqui, não vou perder tempo lamentando o que poderia ter sido, ou me preocupando com o que será.

E, se me apetecer, vou comer sobremesa todos os dias!"[1]

---

[1] Depoimento de autor desconhecido.

~ 106 ~

"Já não me lembro quando começaram a me ver como idoso.

Para ser honesto, já não me lembro de várias coisas.

Diz a lei que isto acontece depois dos sessenta, acho pouco.

Com sessenta ainda somos jovens.

A gente nasce, cresce, vira adolescente, adulto e depois idoso.

Muitos tem medo de não haver o próximo passo. Dizem que é o fim de uma jornada.

Eu prefiro encarar como o topo.

Não sei se é a melhor idade, mas é a idade em que chegamos no auge.[...]

Nós idosos chegamos no auge da sabedoria.

Muitas vivências e experiências acumuladas.

Sabe como é, a gente fica *safo*.

Os jovens sabem os atalhos dos videogames.

Nós sabemos os atalhos da vida.

Ser idoso também é compartilhar. Saber passar o bastão para as novas gerações.

Deixar para ela a tarefa de construir o futuro, mas dando uma mãozinha se for preciso."[1]

---

[1] Campanha publicitária da Bigfral em homenagem ao dia do idoso.

~ 107 ~

Parafraseando Khalil Gibran[1]: O Excelso Arqueiro mirou, para o alto e para o infinito, o destino de suas flechas, mas lhes concedeu a vontade para definir o curvamento imprimido ao arco, traçando a inclinação da rota. "Que seu curvamento na mão do Arqueiro seja a sua alegria."

---

[1] Pensador e poeta de origem libanesa (1883-1931). Poema Vossos filhos não são vossos filhos.

AMBIÇÃO

Assis de Azevedo ditado por João Maria

352 páginas
Romance
16x23 cm
978-85-8353-036-7

Boa Nova Catanduva-SP | (17) 3531.4444 | boanova@boanova.net
Boa Nova São Paulo-SP | (11) 3104.1270 | boanovasp@boanova.net
Boa Nova Sertãozinho-SP | (16) 3946. 2450 | novavisao@boanova.net